3 1994 01331 6580

07/06

SANTA ANA PUBLIC LIBRARY

D0536010

Ven, juega y descubre la Naturaleza

Experimentos fáciles para niños pequeños

Ven, juega y descubre la Naturaleza

Experimentos fáciles para niños pequeños

Janice VanCleave

J SP 508 VAN
VanCleave, Janice Pratt
Ven, juega y descubre la
 naturaleza

                              $19.50
CENTRAL   31994013316580

LIMUSA · WILEY

VanCleave, Janice

Ven, juega y descubre la naturaleza / Janice VanCleave.

México. Limusa Wiley, 2003. -- (Biblioteca científica)

134 p. 27cm.

ISBN: 968-18-6294-5

1.t.

1. Biología - experimentos 2. Naturaleza . experimentos

LC: QH316.5   Dewey: 570

Versión autorizada en español de la obra original-
mente publicada en inglés por John Wiley & Sons,
Inc., con el título:
PLAY AND FIND OUT ABOUT NATURE
EASY EXPERIMENTS FOR YOUNG CHILDREN
© John Wiley & Sons. Inc. New York, Chichester,
Brisbane, Singapore, Toronto and Weinheim.

Con la colaboración en la traducción de:
LISY GÓMEZ DE SEGURA

El editor y l a autora se han esforzado en garanti-
zar la seguridad de los experimentos y actividades
presentados en estas páginas cuando se realizan
en la forma indicada, pero no asumen responsa-
bilidad alguna por daños causados o provocados al
llevar a cabo cualquier experimento o actividad de
este libro. Los padres, tutores y maestros deben super-
visar a los pequeños lectores cuando éstos lleven a
cabo los experimentos y actividades de este libro.

La presentación y disposición en conjunto de

VEN, JUEGA Y DESCUBRE LA NATURALEZA
EXPERIMENTOS FÁCILES PARA NIÑOS PEQUEÑOS

son propiedad del editor. Ninguna parte de esta obra
puede ser reproducida o transmitida, mediante ningún
sistema o método, electrónico o mecánico (incluyendo
el fotocopiado, la grabación o cualquier sistema de
recuperación y almacenamiento de información), sin
consentimiento por escrito del editor.

Derechos reservados:

© 2003, EDITORIAL LIMUSA, S.A. de C.V.
GRUPO NORIEGA EDITORES
Balderas 95, México, D.F.
C.P. 06040
☎ (5) 521-21-05
01(800) 7-06-91-00
🖷 (5) 512-29-03
 limusa@noriega.com.mx
www.noriega.com.mx

CANIEM Núm. 121

PRIMERA EDICIÓN
HECHO EN MÉXICO
ISBN 968-18-6294-5

Dedicatoria

Este libro está dedicado a una dama muy especial, quien siempre está en busca de nuevas formas para lograr que el aprendizaje resulte divertido y emocionante para sus alumnos especiales: sus propios hijos. Junto con ellos realizó los experimentos de este libro y compartió sus experiencias con los otros padres de familia que se mencionan más adelante. Ella no sólo ha sido mi contacto con este taller educativo, sino que también me ha hecho valiosas sugerencias respecto a cómo captar la atención de los pequeños. Fue muy divertido para mí escuchar el relato de las alegres experiencias que compartió con sus hijos mientras jugaban y aprendían con este libro capítulo a capítulo. Sin embargo, el aspecto más importante de todo ello ha sido el intercambio de ideas con mi amiga Anne Skrabanek.

Agradecimientos .

Deseo expresar mi aprecio a los siguientes padres y niños de un taller educativo de Waco, Texas, quienes me ayudaron a someter a prueba los experimentos de este libro: Greg, Mona, Bethany y Michael Bond; Ken, Carol, Matthew, Emily y Sarah Keil; Kent, Debbie, Anna, Kent Jr., Steven y Andrew Mathias; Ron, Anne, Sarah, Benjamin y Rebeca Skrabanek; y John, Diana, Joseph, Abigail y Samuel Warren.

Una nota especial de agradecimiento para mi amiga Laura Fields Roberts, quien no sólo puso en práctica los experimentos de este libro, sino que a través de cartas y fotografías compartió conmigo los momentos de diversión que tuvo con sus alumnos. Ellos son alumnos de la Escuela Primaria St. Matthews de Louisville, Kentucky, quienes bajo la dirección de Laura y de su colaboradora Sandra Williams Petrey, jugaron a descubrir la naturaleza: Tricia Baldwin, Brittany Ballinger, Amanda Boden, Antonio Brown, Stephanie Coy, Courtney Duffey, Alexandra Foote, Jessica Gilbert, Kaitlin Goodhew, Chelsey Hallett, Jessica Hamilton, Dane Hardy, Taylor Hawkins, Emily Jimmerson, William Long, Amy Love, Saphire Miller, Taylor Mouser, David Presnell, Hannah Rapp, Kristin Shattuck, Beth Spurr, Sarah Thomas y Orenzio Tobin.

Una vez más, deseo expresar mi agradecimiento a Laura por utilizar los experimentos de este libro en el diseño del programa para un curso de verano en Future Minds (organización no lucrativa). Los alumnos de jardín de niños que asistieron a este curso fueron: Ryan Garvey, Ethan Grunst, David Knox, Jordan Kruger, Rebecca Saag, G. Aaron Tallent, Ashleigh Salomon-Vetter, Zachary Wall, Max Yanker y Dylan Yussman.

Contenido

DESARROLLO DE LAS PLANTAS

PARTES DE LAS PLANTAS

FLORES

Una carta de Janice VanCleave

Queridos amigos:

¡Bienvenidos a la hora de los juegos científicos!

Las actividades de los juegos científicos de este libro se dedican a plantas y animales. La mayoría de los niños pequeños siente mucho cariño por los animales y las plantas y les entusiasma mucho aprender respecto a ellos. En ninguna de las actividades de este libro se utilizan animales reales; de cualquier modo, es seguro que los niños estarán encantados con los modelos de ardillas voladoras o con el pico de ave que atrapa palomitas de maíz.

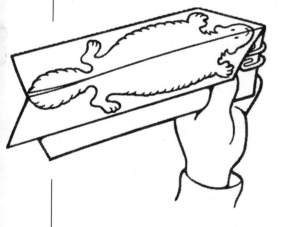

Descubrir las cosas por sí mismos le proporciona a los niños un maravilloso sentimiento de triunfo. Sólo necesitan algunas ideas buenas, su curiosidad natural y que usted los guíe con gentileza y paciencia. Este libro está lleno de ideas divertidas. Contiene instrucciones para que los niños y niñas puedan realizar más de 50 experimentos sencillos que están inspirados en preguntas que suelen hacer los niños. Por medio del juego, el niño irá descubriendo las respuestas a preguntas como: "¿Por qué jadean los perros?", "¿Qué hay dentro de una semilla?", y muchas cosas más.

De modo que prepárense para iniciar una gran aventura científica.

Juguetonamente,

Janice VanCleave

Antes de comenzar

1   *Lea completamente el experimento antes de comenzar.* Cuando sea posible, practique usted solo el experimento antes de la hora de los juegos científicos. Así aumenta su comprensión del tema y se familiariza más con el procedimiento y los materiales. Si conoce bien el experimento, le será más fácil dar instrucciones al niño y contestar sus preguntas.

2   *Elija un lugar para trabajar.* La mesa de la cocina resulta ser el sitio ideal para las actividades. Proporciona espacio y acceso a una llave de agua que se requiere con frecuencia.

3   *Escoja un momento apropiado.* Siempre es buen momento para jugar con el niño, y el juego debe ser el objetivo principal cuando realicen los experimentos de este libro. Procure elegir un momento en el que tenga menos distracciones, de modo que pueda com-

pletar la actividad. Si la familia tiene un horario establecido, conviene asignar un tiempo específico para el experimento. Tal vez desee establecer una hora fija de inicio, de manera que el niño vigile el reloj y se familiarice más con el tiempo. Trate de dedicar de 5 a 10 minutos al término de cada sesión para que todos recojan los materiales utilizados.

4   *Reúna los materiales.* Tendrá menos frustraciones y más diversión si todos los materiales están listos antes de comenzar. (Véase el recuadro de "Recomendaciones acerca de los materiales").

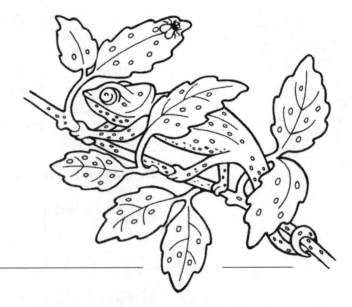

5 *No se apresure al realizar el experimento.* Siga cuidadosamente cada paso y, para obtener resultados seguros y eficaces, nunca omita pasos ni añada los suyos. La seguridad es sumamente importante, y es una buena técnica científica enseñar a los niños a seguir instrucciones cuando realice un experimento.

6 *¡Diviértase!* No se preocupe si el niño no "capta" el principio científico o si los resultados no son exactamente perfectos. Si considera que los resultados son muy distintos a los descritos, vuelva a leer las instrucciones y comience de nuevo desde el paso 1.

Recomendaciones acerca de los materiales

- Algunos experimentos requieren agua. Si desea tener todo listo en la mesa de trabajo, puede poner agua en una jarra o botella.
- Siempre conviene tener a mano toallas de papel para derrames accidentales, en particular si en el experimento se necesitan líquidos. Puede usarse un recipiente grande para desechos líquidos y vaciarse más tarde en el fregadero.
- Para ahorrar tiempo, puede cortar de antemano algunos de los materiales (excepto el cordón; véase adelante).
- No corte el cordón con anticipación, porque suele enredarse y es difícil separarlo. Usted y el niño pueden medir y cortar el cordón juntos.
- Es conveniente guardar cajas de zapatos etiquetadas con los materiales básicos que se utilizan en muchos experimentos, como tijeras, cinta adhesiva, marcadores y otros.

- Los tamaños y tipos específicos de recipientes que se piden en las listas de materiales son los mismos que se usaron cuando se probaron estos experimentos. Esto no significa que sustituir el recipiente eche a perder el experimento. La sustitución de materiales debe ser un juicio de valor, después de que usted haya leído un experimento para determinar el uso de los materiales. Por ejemplo, puede reemplazar un vaso desechable de 360 ml (12 onzas) para germinar frijoles por un recipiente de plástico de igual o similar capacidad.
- Para grupos grandes, multiplique la cantidad de materiales por el número de niños en el grupo, de manera que cada uno de ellos pueda realizar el experimento individualmente. Algunos de los materiales (el pegamento, por ejemplo) pueden compartirse, así que lea con atención el procedimiento para determinar esto con anticipación.

7 *Disfrute la maravilla de participar en el proceso de aprendizaje.* Recuerde, no hay problema si el niño no descubre la explicación científica. Por ejemplo, al llevar a cabo el experimento "Planeadores", el niño puede estar demasiado emocionado al hacer volar su ardilla de papel como para prestar atención a su explicación sobre cómo "vuelan" las ardillas. No obligue al niño a escuchar. Únase a la diversión y viva un momento mágico memorable. Más tarde, cuando se mencione de nuevo los animales voladores, usted le puede recordar al niño lo divertido que fue para ambos llevar a cabo la actividad "Planeadores"; luego repita el experimento y déle una explicación.

8 Todas las cantidades equivalentes que se dan en el sistema inglés y en el Sistema Internacional de Unidades son aproximaciones. Consulte el cuadro de Unidades de medida para conocer los equivalentes precisos.

Unidades de medida

■ Como podrás ver, en los experimentos se emplean el Sistema Internacional (sistema métrico) y el sistema inglés, pero es importante hacer notar que las medidas intercambiables que se dan son aproximadas, no las equivalentes exactas.

■ Por ejemplo, cuando se pide un litro, éste se puede sustituir por un cuarto de galón, ya que la diferencia es muy pequeña y en nada afectará el resultado.

■ Para evitar confusiones, a continuación tienes unas tablas con los equivalentes exactos y con las aproximaciones más frecuentes.

ABREVIATURAS		
centímetro = cm	cuarto de galón = qt	litro = l
taza = t	onza = oz	metro = m
galón = gal	cucharada = C	
pinta = pt	cucharadita = c	

TEMPERATURA		
Sistema inglés	*Sistema Internacional (métrico decimal)*	
32°F (Farenheit)	0°C (Celsius)	Punto de congelación
212°F	100°C	Punto de ebullición

MEDIDAS DE VOLUMEN
(LÍQUIDOS)

Sistema inglés	Sistema Internacional (métrico decimal)	Aproximaciones más frecuentes
I galón	= 3.785 litros	4 litros
I cuarto de galón (E.U.)	= .946 litros	I litro
I pinta (E.U.)	= 473 mililitros	1/2 litro
I taza (8 onzas)	= 250 mililitros	1/4 de litro
I onza líquida (E.U.)	= 29.5 mililitros	30 mililitros
I cucharada	= 15 mililitros	
I cucharadita	= 5 mililitros	

UNIDADES DE LONGITUD
(DISTANCIA)

Sistema inglés	Sistema Internacional (métrico decimal)	Aproximaciones más frecuentes
1/8 de pulgada	= 3.1 milímetros	3 mm
1/4 de pulgada	= 6.3 milímetros	5 mm
1/2 pulgada	= 12.7 milímetros	12.5 mm
3/4 de pulgada	= 19.3 milímetros	20 mm
I pulgada	= 2.54 centímetros	2.5 cm
I pie	= 30.4 centímetros	30 cm
I yarda (= 3 pies)	= 91.44 centímetros	I m
I milla	= 1,609 metros	1.5 km

UNIDADES DE MASA
(PESO)

Sistema inglés	Sistema Internacional (métrico decimal)	Aproximaciones más frecuentes
I libra (E.U.)	= 453.5 gramos	1/2 kilo
I onza (E.U.)	= 28 gramos	30 g

Formas de vida básicas

Constituyentes básicos

Reúne estas cosas

- una cacerola
- un paquete de gelatina de limón de 170 g (6 onzas)
- una taza de medir de 250 ml
- una bolsa de plástico con cierre hermético con capacidad para 1 litro (¼ de galón)
- un recipiente de 2 litros (½ galón)
- una ciruela pequeña u otra fruta de tamaño similar
- 5 a 6 cacahuates (con o sin cáscara)

Después necesitarás

- mondadientes (palillos) redondos
- plastilina

Oye, ¿de qué están hechos los gatos?

¡Vamos a descubrirlo!

1 Abre la bolsa y con un dedo inserta las uvas en la gelatina.

2 Levanta la bolsa y apriétala con suavidad. (Mantén el recipiente debajo de la bolsa por si aprietas demasiado fuerte y ésta se abre.)

3 Coloca la bolsa de gelatina dentro de la caja de zapatos y ponle su tapa.

4 Toma la caja con tus manos y apriétala con suavidad.

Entonces ya sabes que...

Las plantas, al igual que los animales, se componen de células. La bolsa de gelatina y la caja de zapatos representan un modelo de célula vegetal (célula de las plantas). Las células de las plantas y las de los animales comparten algunos componentes. Pero las células vegetales tienen dos componentes que no tienen las células animales: fábricas de alimentos verdes (las uvas) y una cubierta rígida a su alrededor (la caja de zapatos). Las plantas no tienen huesos, pero cuentan con la envoltura rígida de sus células para conservar su forma.

Más cosas divertidas por saber y hacer

El agua que contiene la planta también le confiere firmeza. Las verduras que se conservan en un recipiente con agua se mantienen frescas y firmes debido a que el agua llena sus células. Puedes observar esto si dejas unas rebanadas de pepino en un recipiente con agua y otras en un recipiente vacío.

■ Llena uno de los recipientes con agua hasta la mitad.

■ **PASO PARA ADULTOS.** Utilice el cuchillo y la tabla para cortar el pepino en rebanadas.

■ Coloca la mitad de las rebanadas de pepino en cada uno de los recipientes.

■ Deja los recipientes en lugar seguro durante un día completo.

■ Saca las rebanadas de pepino de cada recipiente y, con los dedos, dobla cada una a la mitad para quebrarla. Observa cuáles rebanadas de pepino están más firmes, ¿las que estaban en el agua o las que no lo estaban?

Bichos acuáticos

Oye, ¿habrá bichos que no se puedan ver en el agua de los estanques?

¡Vamos a descubrirlo!

Reúne estas cosas

- 2 zapatos del pie izquierdo: 1 grande, 1 pequeño
- 3 hojas de cartulina: 1 blanca, 1 roja, 1 azul
- un lápiz
- unas tijeras
- pegamento
- diamantina (cualquier color)
- un marcador

Después necesitarás

- unas tijeras
- 3 hojas de cartulina: 1 amarilla, 1 verde, 1 azul
- pegamento
- diamantina
- cordón
- un marcador

1 Coloca el zapato grande sobre la cartulina blanca y el zapato pequeño sobre la cartulina roja.

2 Dibuja el contorno de la suela de cada zapato.

3 Recorta las figuras de suela que dibujaste en cada hoja de cartulina.

4 Pon pegamento debajo de la suela de cartulina roja.

5 Pega la suela de cartulina roja sobre la suela de cartulina blanca de manera que la roja quede en el centro de la blanca.

6 Con las tijeras, recorta hendeduras en la suela grande hasta el borde de la más pequeña, de modo que quede un fleco blanco alrededor de la suela roja.

7 Cubre de pegamento un área del tamaño de una moneda grande en el centro de la suela roja.

8 Cubre con diamantina el círculo de pegamento.

9 Pega la suela blanca sobre la hoja de cartulina azul. Escribe la palabra *Paramecio* sobre la cartulina azul debajo de la figura.

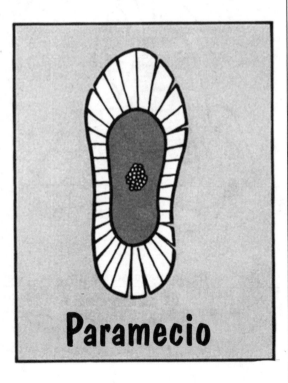

Paramecio

Entonces ya sabes que...

En el agua de los estanques hay seres vivos tan pequeños que sólo pueden ver-se con microscopio. Algunos de ellos tienen una sola célula. El paramecio es uno de estos seres, al que también se le conoce como "animal pantufla", ya que tiene forma de suela de zapato. Se des-plaza agitando los filamentos que cu-bren el exterior de su cuerpo. Acabas de elaborar un modelo de animal pantufla. Los flecos de cartulina blanca represen-tan los filamentos que lo rodean. La mancha brillante representa su núcleo (centro de control).

Más cosas divertidas por saber y hacer

La euglena es otro bicho diminuto que vive en los estanques. Se desplaza agitando su cola larga y delgada a manera de látigo. A continuación aprenderás a elaborar un modelo de euglena.

■ Recorta una figura en forma de pera en la cartulina amarilla.

■ Recorta pequeñas formas ovaladas en la cartulina verde y pégalas en la parte interna siguiendo el borde de tu figura. Los óvalos verdes representan las fábricas de alimento de la euglena.

■ Pon un poco de pegamento en el centro de la parte ancha de la pera y cúbrelo con diamantina. Al igual que en el animal pantufla, la mancha brillante representa el núcleo de la euglena.

■ En el extremo angosto de la pera pega un tramo de cordón del mismo largo que la euglena.

■ Pega tu euglena sobre la cartulina azul. Escribe la palabra *Euglena* sobre la cartulina azul debajo de la figura.

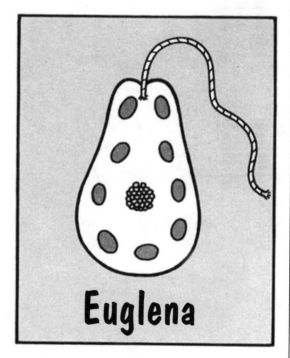

Euglena

Depreda-dores y presas

Camuflaje

Oye, ¿por qué es tan difícil poder distinguir a ciertos animales?

¡Vamos a descubrirlo!

Reúne estas cosas

- 3 hojas de cartulina: 1 verde, 1 azul cielo, 1 café
- un lápiz
- unas tijeras
- una regla
- pegamento
- crayones
- una bola de algodón

Después necesitarás

- 2 hojas de cartulina: 1 blanca, 1 café
- un lápiz
- unas tijeras

1 Coloca la cartulina verde sobre la café.

2 En uno de los lados angostos de la cartulina, traza y recorta una tira de 5 cm (2 pulgadas) de ancho. Procura cortar las dos cartulinas al mismo tiempo.

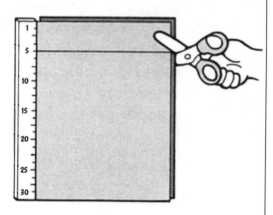

3 Pega las dos tiras de cartulina, una sobre la otra. Déjalas a un lado mientras seca el pegamento.

4 Mantén unidas las cartulinas verde y café que te quedaron. Dóblalas a la mitad por el lado más largo sin separarlas.

5 Dibuja 3 hojas de hierba sobre las cartulinas dobladas, tal como se muestra en el dibujo.

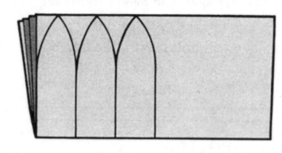

6 PASO PARA ADULTOS. Recorte una por una las hojas de hierba abarcando las cuatro capas de cartulina. Corte también a lo largo del doblez. Ahora tiene 6 hojas de hierba de cada color.

7 Coloca las 12 hojas de hierba, una junto a otra, en la orilla más larga de la cartulina azul cielo. Alterna los colores, colocando juntas 3 hojas del mismo color, tal como se muestra a continuación. Pega las hojas de hierba sobre la cartulina azul.

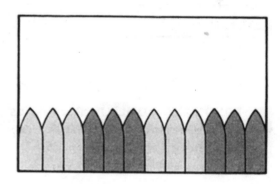

8 Con los crayones, pinta el sol y unas aves sobre el cielo azul. Toma unas fibras de la bola de algodón y pégalas sobre la cartulina azul para representar una nube.

9 Dobla a lo largo y por la mitad la tira que preparaste en el paso 3. Con el lápiz, marca el centro de la tira para dividirla a la mitad. Dibuja dos mitades de camaleón a lo largo del doblez, una de cada lado de la marca, tal como se observa en el dibujo.

10 PASO PARA ADULTOS. Recorte los camaleones atravesando las dos vistas de la tira pegada.

11 Coloca los camaleones con el lado verde hacia arriba sobre las hojas de hierba también de color verde. Observa qué tan fácil puedes distinguir los camaleones verdes.

12 Voltea los camaleones y, con el lado café hacia arriba, colócalos sobre las hojas de hierba de color café. Observa de nuevo qué tan bien puedes distinguir los camaleones cafés.

13 Voltea uno de los camaleones con el lado verde hacia arriba y déjalo sobre la hoja de hierba de color café. ¿A cuál de los dos camaleones puedes distinguir con mayor facilidad?

Entonces ya sabes que...

Algunos animales pueden cambiar de color. Es muy difícil distinguir a un animal cuando su color se confunde con el de su entorno. Esto dificulta que sus enemigos puedan descubrirlo. El camaleón es un saurio cuyo color de piel puede cambiar a diferentes tonos de verde, amarillo y café, que son los colores de la hierba, las ramas o el suelo donde vive. No te resultó fácil distinguir los camaleones de papel que confeccionaste al colocarlos sobre hierba del mismo color.

Más cosas divertidas por saber y hacer

El pelaje de algunos conejos es blanco durante los meses nevados de invierno y se torna café durante los meses de calor. Esto permite al conejo confundirse con su entorno. Confecciona y recorta conejos de cartulina y determina cuál de ellos se confundirá con el entorno que tienes fuera de casa.

■ Utiliza las hojas de cartulinas para confeccionar un conejo blanco y otro café.

■ Saca los conejos de casa y colócalos sobre superficies diferentes. Determina cuál de los conejos se confunde mejor con tu entorno.

■ Repite el experimento en otra estación del año cuando tu entorno exterior haya cambiado.

Ojos brillantes

Oye, ¿por qué los ojos de los gatos brillan en la oscuridad?

¡Vamos a descubrirlo!

Reúne estas cosas

- un gis (una tiza)
- una regla
- una hoja de cartulina negra
- unas tijeras
- una lata vacía (su fondo debe ser brillante)
- una liga
- una linterna

Después necesitarás

- un espejo
- un reloj

1 Con el gis, dibuja en el centro de la cartulina negra un óvalo de unos 7.5 cm (3 pulgadas) de largo y 2.5 cm (1 pulgada) de ancho.

3 Coloca la cartulina sobre la boca de la lata, de manera que el orificio ovalado quede en el centro de ésta. Fija la cartulina con la liga.

5 Sostén la lata frente a ti tan alejada como te sea posible, de manera que el orificio de la cartulina quede frente a tus ojos.

2 Recorta el óvalo de la cartulina y deséchalo.

4 Lleva la lata y la linterna a un cuarto que pueda quedar muy oscuro. Apaga la luz.

6 Mira hacia el orificio de la cartulina. Descubrirás que te resulta difícil o imposible ver el orificio (o aun la lata si el cuarto está muy oscuro).

7 Sostén la linterna cerca de tu cara y dirige la luz hacia el orificio de la cartulina.

8 Observa el orificio de la cartulina. La luz de la linterna se reflejará en la superficie brillante del fondo de la lata y tendrás la impresión de que el orificio brilla.

Entonces ya sabes que...

El brillo de los ojos del gato es luz que ha penetrado a través de la abertura del ojo y que se refleja en el recubrimiento del fondo del ojo como en un espejo. Este recubrimiento especial le permite al gato ver mejor de noche, de manera que pueda hallar alimentos con mayor facilidad.

Más cosas divertidas por saber y hacer

La pupila es una abertura oscura que se encuentra en el centro del ojo de los gatos y otros animales, como los seres humanos. Se agranda en la oscuridad para permitir que entre más luz en el ojo. Para agrandar tus pupilas, cierra un ojo y deja abierto el otro. Con una mano, tapa tu ojo cerrado. Mira tu ojo abierto en el espejo y observa el tamaño de la pupila. Al cabo de 2 a 3 minutos, quita la mano y abre el ojo que estaba cerrado. Míralo en el espejo. Observa qué le sucede al tamaño de la pupila cuando hay luz.

Atrapando insectos

Reúne estas cosas

- un sobre pequeño
- unas tijeras
- un marcador
- una liga
- un tazón pequeño con palomitas de maíz
- un recipiente pequeño

Después necesitarás

- un pan con pasitas o una galleta con chispas de chocolate
- un plato desechable
- un bolígrafo
- un mondadientes (palillo) redondo

1 Abre la tapa del sobre.

2 Corta la tapa y una parte del frente del sobre (donde se anota la dirección) de manera que el frente quede igual a la parte de atrás.

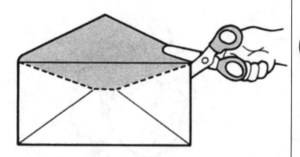

3 Dobla el sobre a la mitad (junta los lados angostos).

4 Desdobla el sobre y marca las esquinas A y B. Marca con la letra C la parte inferior del sobre donde termina el doblez.

5 Coloca la liga a nivel del doblez.

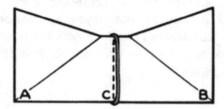

6 Abre el sobre e introduce en él la mano con la que escribes, de manera que tu mano quede debajo de la liga, tus dedos apuntando hacia la esquina A y tu pulgar apuntando hacia la esquina B.

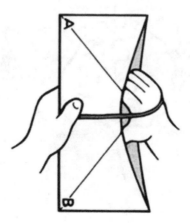

7 Con la otra mano, empuja el punto C en la parte de abajo del sobre hacia la palma de tu mano que está dentro del mismo.

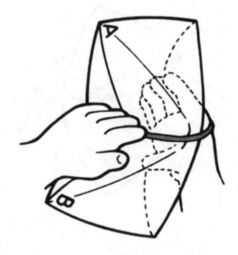

8 Con tus dedos y tu pulgar dentro del sobre, atrapa tu otra mano. Ya tienes un modelo de pico de ave.

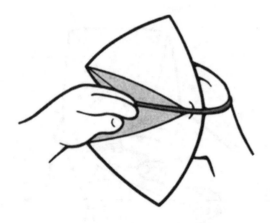

9 Abre y cierra el pico varias veces para que tu modelo mantenga su forma.

10 Pídele a tu ayudante que aviente hacia arriba y de una en una las palomitas de maíz. Con tu pico de ave, atrapa las palomitas que van cayendo.

Las palomitas de maíz representan los insectos voladores.

11 Coloca en el recipiente vacío las palomitas que vayas atrapando y cuéntalas cuando hayas terminado. ¿Cuántos insectos atrapaste? ¿Fue difícil atraparlos?

12 Repite los pasos 10 y 11. Ahora tú avientas las palomitas de maíz y tu ayudante sostiene el pico.

Entonces ya sabes que...

La forma y el tamaño del pico y boca de un ave le ayudan a atrapar sus alimentos. Algunas aves tienen picos muy grandes y bien abiertos con los que atrapan insectos voladores. Tu gran pico de papel te permitió atrapar por lo menos algunas palomitas de maíz.

1 Coloca tu hoja sobre el dibujo de la ardilla voladora.

2 Calca todas las líneas, incluyendo las del doblez.

3 Recorta el contorno del dibujo que copiaste.

4 Dobla la hoja a la mitad a lo largo de la línea B, de manera que los dibujos de los lados A y C se toquen.

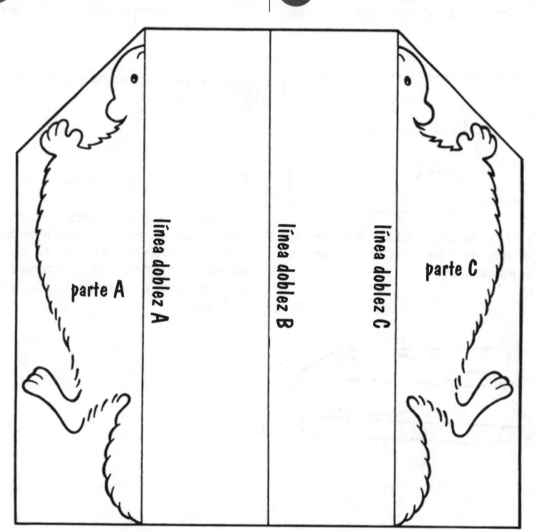

parte A

línea doblez A

línea doblez B

línea doblez C

parte C

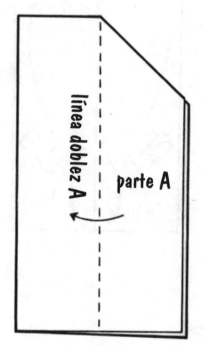

línea doblez A

parte A

5 Dobla la parte A a lo largo del doblez A en dirección al primer doblez.

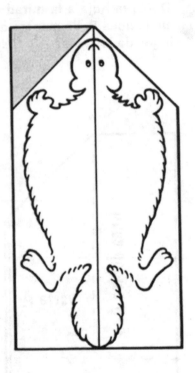

6 Voltea la hoja y luego dobla la parte C a lo largo del doblez C en dirección al primer doblez.

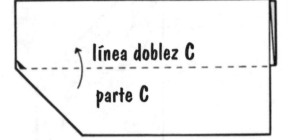

línea doblez C

parte C

7 Fija los clips debajo del extremo delantero de la ardilla, tal como se muestra aquí.

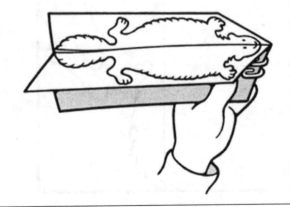

8 Sostén la ardilla desde abajo (línea de doblez B) y ajusta las partes A y C, de manera que queden paralelas al piso.

9 Lanza la ardilla para que vuele por el aire.

Entonces ya sabes que...

Las ardillas no pueden volar de la misma manera que las aves. Aunque algunas de ellas, llamadas ardillas voladoras, cuando saltan de una rama a otra, pueden deslizarse por el aire, lo mismo que tu modelo de papel.

Más cosas divertidas por saber y hacer

Algunos saurios de la selva húmeda de Asia, llamados dragones voladores, también tienen pliegues adicionales de piel a cada lado de su cuerpo. El dragón volador, lo mismo que la ardilla voladora, puede deslizarse cortas distancias por el aire. Repite el experimento anterior y, en lugar de la ardilla voladora, construye un modelo de dragón volador, tal como se muestra en el dibujo.

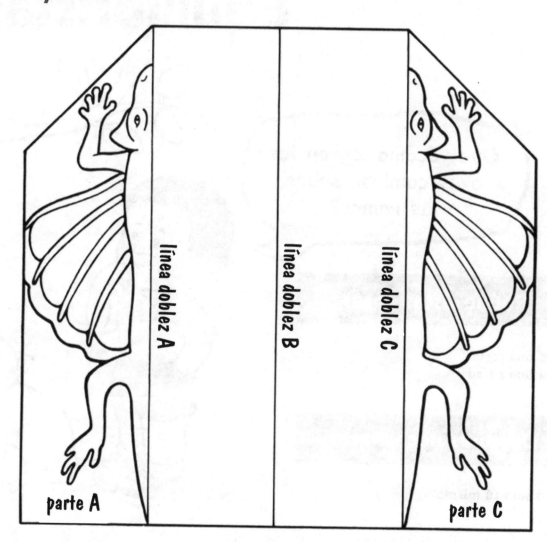

Equilibristas

Oye, ¿cómo logran las aves caminar sobre las ramas?

¡Vamos a descubrirlo!

Reúne estas cosas

■ una regla
■ una pared

Después necesitarás

■ sólo tú mismo

1 De pie, separa los pies aproximadamente 30 cm (12 pulgadas) y coloca tus brazos a los costados.

2 Dobla tu rodilla izquierda de manera que tu pie izquierdo quede a unos 10 cm (4 pulgadas) del piso. Observa cómo tu cuerpo se inclina hacia la derecha.

3 Vuelve a apoyar tu pie izquierdo en el piso y acércate a la pared.

4 Separa de nuevo los pies aproximadamente 30 cm (12 pulgadas), pero esta vez apoya tu pie derecho y tu hombro derecho en la pared.

5 Vuelve a doblar la rodilla izquierda de manera que tu pie izquierdo se levante unos 10 cm (4 pulgadas) del piso. Observa lo que pasa.

Entonces ya sabes que...

Un ave o cualquier otro animal que camina en dos patas se inclina de un lado a otro mientras levanta sus patas para caminar. Si el ave no puede inclinarse, como te sucedió a ti cuando estabas junto a la pared, se caerá cuando levante una pata.

Más cosas divertidas por saber y hacer

A fin de mantener el equilibrio cuando caminan, los animales cuadrúpedos (con cuatro patas) necesitan mantener tres patas en el piso. Las tres patas sostienen el peso del cuerpo mientras la cuarta se adelanta hacia una nueva posición. Alzan una pata después de la otra en un orden determinado. Para caminar de la misma manera que los borregos, caballos o perros, intenta hacer lo siguiente:

■ Ponte en posición de gateo. Tus manos y rodillas serán tus "patas".

■ Gatea lentamente moviendo tus "patas" hacia delante de una en una en el orden siguiente: delantera derecha, trasera izquierda, delantera izquierda, trasera derecha.

■ Cuando caminan rápido o corren, los animales cuadrúpedos pueden equilibrarse en sólo dos patas. Mueven sus patas en un orden determinado. Ahora, mueve tus "patas" en el orden siguiente: gatea moviendo hacia adelante y al mismo tiempo tu "pata" delantera derecha y tu "pata" trasera izquierda. Luego, mueve hacia adelante tu "pata" delantera izquierda y tu "pata" trasera derecha.

Flotadores

Oye, ¿qué hacen los peces para ascender y sumergirse en el agua?

¡Vamos a descubrirlo!

Reúne estas cosas

- un recipiente grande
- agua de la llave
- 2 canicas de vidrio
- 2 globos redondos de 17.5 cm (7 pulgadas)

Después necesitarás

- 4 o 5 sobrecitos de condimentos para comida rápida (catsup, mayonesa, salsa de soya, etc.)
- un frasco con capacidad para 1 litro (¼ de galón)
- agua de la llave
- una botella de refresco de plástico de 2 litros (½ galón) con tapa

1 Llena el recipiente con agua hasta las tres cuartas partes de su capacidad.

2 Mete una canica dentro de cada globo.

3 En uno de los globos haz un nudo tan cerca de la canica como te sea posible.

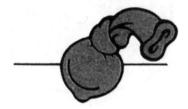

4 Infla un poco el otro globo y haz un nudo tan cerca de la boca como te sea posible.

5 Deja caer ambos globos en el recipiente de agua. El globo inflado flota en la superficie del agua. El globo sin inflar se hunde hasta el fondo del recipiente.

Entonces ya sabes que...

Los peces no tienen canicas adentro. La canica se utiliza para que el globo sea más pesado. Los peces tienen dentro de su cuerpo un órgano especial que funciona como un globo. Al igual que los globos del experimento, a medida que aumenta la cantidad de aire dentro del pez, éste sube a la superficie. Cuando disminuye la cantidad de aire, el pez se hunde.

Más cosas divertidas por saber y hacer

A continuación encontrarás otra manera de demostrar cómo un pez sube y se sumerge.

■ Determina cuál de los sobrecitos de condimento es el mejor modelo de pez. Llena el frasco con agua hasta las tres cuartas partes y deja caer todos los sobrecitos en el agua.

El mejor modelo de pez será aquel que apenas se hunda por debajo de la superficie del agua.

- Llena de agua toda la botella de plástico.

- Introduce en la botella el sobrecito de condimento que elegiste. Añade tanta agua como sea necesario para que casi se derrame de la botella.

- Utiliza la tapa para cerrar muy bien la botella.

- Aprieta la botella con ambas manos. Las burbujas de aire dentro del sobrecito se achicarán y tu modelo de pez se hundirá.

- Deja de apretar la botella. Las burbujas de aire dentro del sobrecito aumentarán de tamaño y tu modelo de pez subirá.

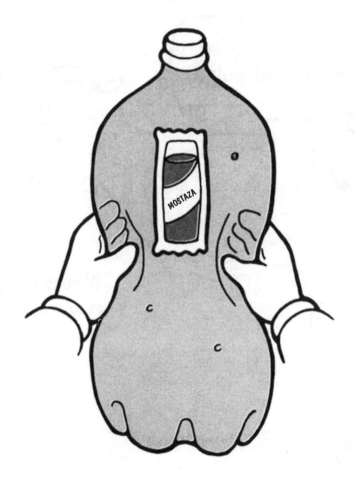

Pistolas de agua

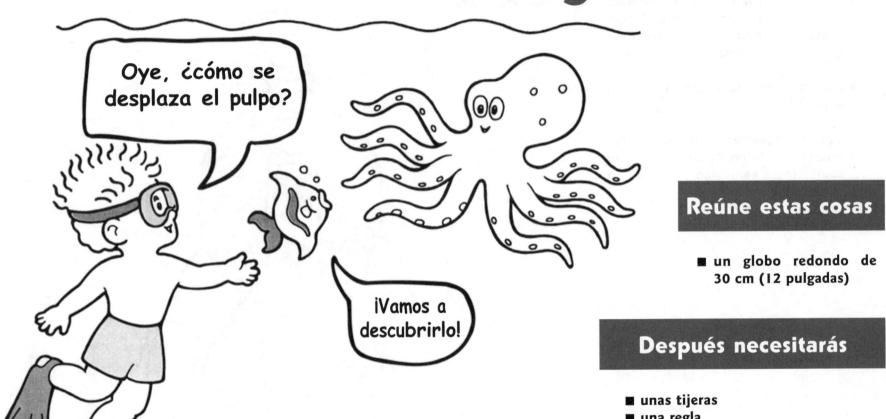

Reúne estas cosas

■ un globo redondo de 30 cm (12 pulgadas)

Después necesitarás

■ unas tijeras
■ una regla
■ 3.6 m (12 pies) de serpentina o listón de cualquier color
■ un paraguas
■ cinta adhesiva transparente

1 Infla el globo y cierra la boca del mismo con tus dedos.

2 Suelta el globo. Al desinflarse, el globo dará vueltas en el aire.

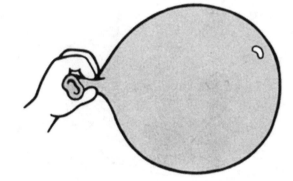

Entonces ya sabes que...

Del mismo modo que al desinflarse el globo sale disparado por el aire circundante, el pulpo se impulsa hacia adelante en el mar. El pulpo absorbe agua y la lanza a través de un orificio situado debajo de su cabeza. La fuerza del agua que sale del pulpo lo impulsa hacia adelante.

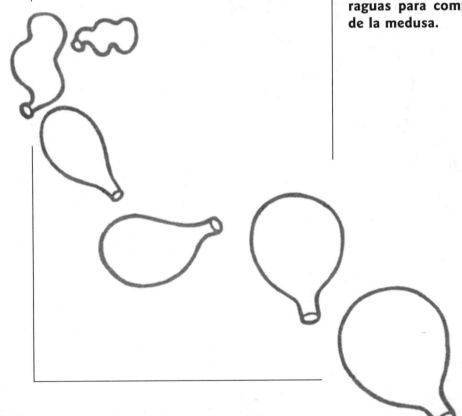

Más cosas divertidas por saber y hacer

La medusa también expele agua para desplazarse. Su forma es muy parecida a la de un paraguas abierto del cual cuelgan largas serpentinas. Su cuerpo abierto se llena de agua. Para impulsarse hacia arriba aprieta su cuerpo haciendo que el agua salga. Puedes utilizar el paraguas para comprender el movimiento de la medusa.

- Corta ocho tiras de serpentina de 45 cm (18 pulgadas) cada una.

- Abre el paraguas y colócalo sobre una mesa con el mango hacia arriba.

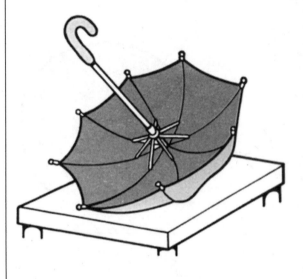

■ **Pega con la cinta adhesiva transparente una de las tiras de serpentina en la punta de cada una de las varillas del paraguas.**

■ **Abre y cierra el paraguas y observa los movimientos de las serpentinas y del paraguas.**

Desarrollo
de las
plantas

Plantas bebés

Oye, ¿qué hay dentro de una semilla?

¡Vamos a descubrirlo!

Reúne estas cosas

- un vaso pequeño de vidrio
- agua de la llave
- 6 frijoles negros
- una toalla de papel
- una linterna
- una lup

Después necesitarás

- los mismos materiales
  pero ahora
- sustituye los frijoles negros por 6 alubias u otras semillas grandes

SEMILLAS DE GIRASOL

1 Llena el vaso con agua hasta la mitad.

2 Pon los frijoles en el agua para reblandecer su cubierta exterior.

3 Coloca el vaso con frijoles en el refrigerador y déjalo toda la noche. Los frijoles se conservan fríos para evitar que se desarrollen bacterias que los hagan agriarse.

4 Al día siguiente, saca los frijoles del agua y déjalos secar sobre una toalla de papel.

5 Con la uña, rasca la cubierta del frijol para pelarlo.

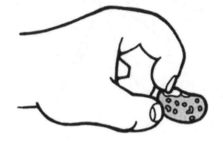

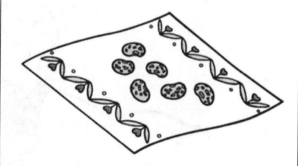

6 Sostén el frijol con ambas manos y usa los dedos para separarlo en dos partes.

7 Alumbra el frijol con la linterna y observa su interior con la lupa. Adherida a una de las partes del frijol, puedes ver una estructura diminuta e incolora parecida a una planta con dos hojas.

8 Repite los pasos 5 y 6 con las otras semillas.

Entonces ya sabes que...

Dentro de cada frijol se encuentra una estructura que parece una planta bebé o miniatura. Esta estructura se llama embrión.

Más cosas divertidas por saber y hacer...

Es fácil hallar el embrión en las semillas grandes. Repite el experimento con alubias.

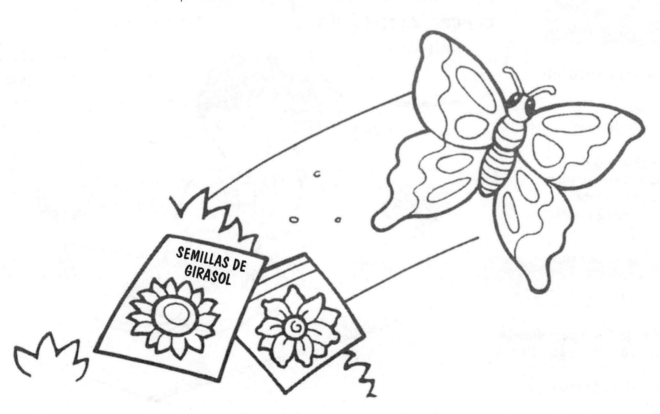

¿En cualquier parte?

Reúne estas cosas

- un vaso desechable de 270 ml (9 onzas)
- bolitas de algodón
- una taza (250 ml) de agua de la llave
- ½ cucharadita (2.5 ml) de semillas de césped compradas o recogidas de una planta real (puede ser césped inglés, ballico, chía, etc.)

Después necesitarás

- 2 puños grandes de tierra para macetas
- 2 cucharaditas (10 ml) de semillas de césped
- 1 cucharita medidora (5 ml)
- agua de la llave
- una esponja para lavar trastes

1 Llena el vaso con bolitas de algodón.

2 Vierte agua en el vaso hasta que el algodón esté bien empapado.

3 Pon las semillas en la palma de una mano. Con la otra mano, toma una pizca de semillas entre los dedos y espárcelas de manera uniforme sobre el algodón.

4 Coloca el vaso cerca de una ventana para que reciba la luz del sol durante algunas horas al día. La luz del sol mantendrá caliente la tierra.

5 Debes cuidar que el algodón permanezca mojado durante todo el experimento.

6 Observa el algodón todos los días durante dos semanas o hasta que la hierba deje de crecer. Al crecer, el césped forma una capa verde sobre el algodón.

Entonces ya sabes que...

Las semillas de césped o hierba sólo necesitan calor, luz, agua y aire para brotar. Es fácil encontrar hierba en lugares inesperados como las grietas de las aceras y las carreteras. El viento o el agua introducen las semillas de hierba (césped) en estas grietas. Por lo general, hay un poco de tierra en las grietas, pero las semillas no la necesitan para empezar a brotar.

Más cosas divertidas por saber y hacer

Las semillas de césped se convertirán en plantas tengan o no luz, siempre y cuando cuenten con agua, calor, aire y alimento como el que les proporciona la tierra. Pero necesitan luz para estar saludables y verdes. Podrás comprobarlo con el siguiente experimento.

- Llena los vasos desechables con tierra para macetas hasta la mitad.

- En cada vaso, esparce ½ cucharadita (2.5 ml) de semillas en la superficie de la tierra.

- En cada vaso, cubre las semillas con 3 cucharaditas (15 ml) de tierra.

- Coloca uno de los vasos cerca de una ventana y el otro en un lugar oscuro, por ejemplo dentro de una alacena o armario.

■ Durante todo el experimento procura mantener la tierra húmeda. Cada vez que sientas que se empieza a secar, ponle agua exprimiendo una esponja mojada.

■ Observa los vasos cada día durante 2 o más semanas o hasta que el césped deje de crecer. Para limitar la cantidad de luz que entra a la alacena o armario, sólo debes abrir la puerta el tiempo necesario para observar el contenido del vaso y luego cerrarla de inmediato.

■ Compara el color y la altura de la hierba que creció con luz y de la que creció en la oscuridad.

Retoños

¡Vamos a descubrirlo!

TRIGO INFLADO
SAL
GARBANZOS
COMIDA PARA GATOS
COMIDA PARA GATOS
COMINOS
TOMILLO
PIMIENTA

MAÍZ PALOMERO
CEBADA
FRIJOLES
ARROZ
CLAVO
AVENA

Oye, ¿pueden retoñar las semillas que hay en la cocina?

Reúne estas cosas

- una cuchara medidora grande (15 ml)
- un vaso desechable de 250 ml (8 onzas)
- tierra para macetas
- 5 frijoles o habas secas
- un lápiz
- un plato pequeño
- agua de la llave

Después necesitarás

- toallas de papel
- un vaso de plástico transparente de 300 ml (10 onzas)
- agua de la llave
- semillas que encuentres en la cocina de tu casa (maíz para palomitas, eneldo, mostaza, pimienta, clavo, etc.)
- cinta adhesiva (*masking tape*)
- un marcador

1 Con la cuchara, llena los vasos desechables con tierra hasta las tres cuartas partes de su capacidad.

2 Acomoda los frijoles sobre la tierra.

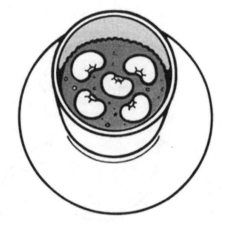

3 Cubre los frijoles con 4 cucharadas (60 ml) de tierra.

4 PASO PARA ADULTOS. Con la punta del lápiz, haga 4 o 5 perforaciones alrededor del borde inferior del vaso.

5 Coloca el vaso sobre el plato pequeño.

6 Moja la tierra con agua. Procura que la tierra esté húmeda pero no saturada de humedad durante el experimento.

7 Coloca el vaso con su plato cerca de una ventana donde reciba luz del sol por lo menos una parte del día. La luz del sol mantendrá la tierra caliente.

8 Observa la superficie de la tierra para ver si brotan los frijoles. Cuando germinan, los frijoles necesitan de 4 a 6 días para salir a la superficie de la tierra. Primero verás que se asoma un pequeño brote en forma de gancho. A medida que éste se endereza, aparecerán hojas en el extremo del tallo.

9 Sigue vigilando la germinación de los frijoles de 2 a 3 semanas o durante más tiempo.

Entonces ya sabes que...

Los frijoles secos que hay en la cocina de tu casa son semillas de una planta de frijol. Si las siembras y les proporcionas suficiente luz, agua, aire y calor, estos frijoles germinarán y crecerán. Los frijoles ya cocidos no pueden germinar puesto que el calor destruye la semilla. Algunas veces, el frijol no germina porque han sido dañadas algunas de sus partes o carece de ellas.

Más cosas divertidas por saber y hacer

No todas las semillas que encuentres en la cocina de tu casa pueden germinar. Muchas ya han sido calentadas o dañadas de alguna otra manera. Para averiguar si crecen, puedes plantar otras semillas que encuentres en la cocina.

■ Prepara un vaso de plástico transparente para observar las semillas. Dobla una toalla de papel a la mitad y, con ella, forra el interior del vaso.

■ Arruga otras toallas de papel y métetelas en la taza para que mantengan el forro de papel bien pegado a los lados del vaso.

■ Humedece el forro de papel con agua. Procura mantenerlo húmedo pero no empapado durante todo el experimento.

■ Toma unas cuantas semillas de una misma clase y deslízalas entre el forro y el vaso. Deja un espacio entre las semillas, pero coloca sólo semillas del mismo tipo en una sección del vaso.

■ Toma unas pocas semillas de otro tipo e introdúcelas entre el forro y el vaso en otra sección de éste.

■ Pega una tira de *masking tape* alrededor del vaso. Anota en la tira el nombre de las semillas de cada sección correspondiente.

■ Observa cuáles de tus semillas germinan.

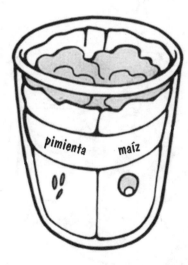

Siguiendo el sol

Reúne estas cosas

- cinta adhesiva (*masking tape*)
- plantas de interior pequeñas en maceta (hiedra, coleo, violetas africanas y otras)
- un marcador

NOTA: Este experimento tiene mejores resultados cuando se realiza en un cuarto que recibe la mayor parte de la iluminación a través de una ventana.

Después necesitarás

- girasoles en un jardín
- brújula

1 Pega una tira pequeña de *masking tape* en cada lado de la maceta.

2 Con el marcador, dibuja un punto en una de las tiras de cinta adhesiva y una cruz en la otra.

3 Coloca la planta cerca de una ventana para que reciba directamente la luz del sol. Acomoda la maceta de manera que la marca X quede frente a la ventana.

4 Todos los días, durante una semana o más, observa la dirección de las hojas. *NOTA: La planta debe regarse de manera habitual.*

5 Repite los pasos 3 y 4, pero ahora dale media vuelta a la maceta (la tira con el punto queda frente a la ventana). Observa cualquier cambio que tenga lugar en la orientación de las hojas.

Entonces ya sabes que...

Las hojas de la planta se mueven hacia la ventana. Cuando le das media vuelta a la planta, las hojas cambian de dirección y se mueven de nuevo hacia la ventana. Esto se debe a que los tallos de la planta crecen en dirección a la luz. A medida que los tallos crecen, las hojas giran hacia la luz.

Más cosas divertidas por saber y hacer

Oye, ¿el girasol siempre mira hacia el sol?

Durante el día, los girasoles se orientan en dirección al sol. Para lograrlo, giran durante todo el día para seguir el curso del sol de oriente a poniente. Para observar este fenómeno puedes hacer lo siguiente:

- Busca un girasol que crezca cerca de tu casa.

- Varias veces al día, usa la brújula para determinar hacia qué dirección se orienta el girasol. *PRECAUCIÓN: No mires directamente hacia el sol. Puedes dañar tu vista.*

Partes de las plantas

Planta sedienta

Oye, ¿cómo beben agua las plantas?

¡Vamos a descubrirlo!

Reúne estas cosas

- un vaso de vidrio
- agua de la llave
- colorante vegetal rojo
- una cuchara
- unas tijeras
- tallo fresco de apio con sus hojas (de preferencia el de color más claro que se encuentra en el centro de la planta)

Después necesitarás

- los mismos materiales
  más
- una regla
- una lupa
- un clavel blanco de tallo largo

1 Llena el vaso con agua hasta la cuarta parte de su capacidad.

2 Agrega 10 gotas de colorante vegetal. Agita.

3 Con las tijeras, corta el extremo inferior del tallo de apio.

4 Coloca el tallo de apio en el vaso de manera que la parte cortada quede dentro del agua con colorante.

5 Durante dos días, observa las hojas tantas veces como te sea posible.
NOTA: Conserva el tallo de apio para el primer experimento de la sección "Más cosas divertidas por saber y hacer".

Entonces ya sabes que...

Las plantas obtienen del suelo la mayor parte del agua que necesitan. El agua penetra en la planta a través de sus raíces y viaja a través de unos tubos diminutos hacia las hojas y demás partes de la planta. No pudiste observar cómo subía el agua roja por el tallo de apio, pero sí pudiste ver el cambio de color en sus hojas.

Más cosas divertidas por saber y hacer

El colorante rojo que pusiste en el agua tiñe los tubos que se extienden por toda la planta. En un corte del tallo podrás distinguir los tubos teñidos como unos pequeños puntos rojos alrededor del

extremo plano. Con las tijeras corta un trozo de aproximadamente 2.5 cm (una pulgada) del tallo de apio que usaste en el experimento anterior. Con la lupa, observa con atención la superficie cortada y notarás una hilera de pequeños puntos rojos.

También puede emplearse agua con colorante para cambiar el color de una flor.

■ Llena el vaso con agua hasta una cuarta parte de su capacidad.

■ Agrega 10 gotas de colorante vegetal. Agita.

■ Con las tijeras corta unos 2 cm del extremo del tallo del clavel.

■ Acomoda el clavel en el vaso de agua con colorante.

■ En los dos días siguientes, observa el color de la flor tantas veces como te sea posible. Observa las líneas de color que aparecen en los pétalos.

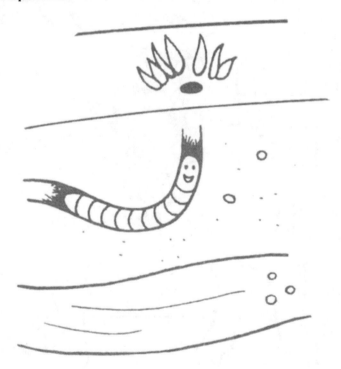

Jugosos

Oye, ¿por qué los cactos no se secan en el desierto?

¡Vamos a descubrirlo!

Reúne estas cosas

- un fólder de cartulina
- una regla
- cinta adhesiva transparente
- una bolsa de plástico con capacidad para 4 litros (1 galón)
- una jarra con 1 litro (¼ de galón) de agua de la llave

Después necesitarás

- unas tijeras
- una esponja de cocina
- 2 platos pequeños
- vaselina
- ½ taza (125 ml) de agua de la llave

1 Dobla el fólder en forma de acordeón empezando en uno de los lados cortos. Cada pliegue debe ser de 2.5 cm (1 pulgada).

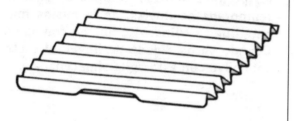

2 Junta los dos extremos del fólder para formar un cilindro. Une ambos lados con cinta adhesiva.

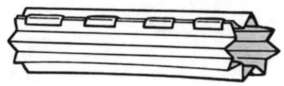

3 Introduce la bolsa de plástico dentro del cilindro. Acomoda la parte abierta de la bolsa que sobresale del cilindro sobre su extremo.

4 Con las manos, aprieta el cilindro para hacerlo más estrecho. Asienta el cilindro sobre una mesa con el extremo abierto de la bolsa de plástico hacia arriba.

5 Llena la jarra con agua.

6 Sostén el cilindro en posición vertical sobre la mesa mientras tu ayudante vierte el agua de la jarra en la bolsa de plástico.

7 Observa el cilindro mientras el agua va llenando la bolsa de plástico.

Entonces ya sabes que...

La parte externa de algunos cactos forma pliegues, lo mismo que tu cilindro. Esto les permite llenarse de agua durante la temporada de lluvias, de la misma manera que tu cilindro se hinchó con agua. Cuando ya ha dejado de llover, el cacto sobrevive con esta agua almacenada.

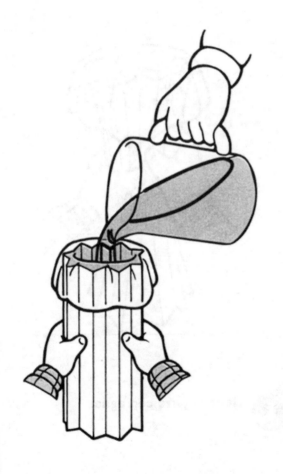

Más cosas divertidas por saber y hacer

Todas las plantas pierden agua a través de sus hojas y tallo. Las hojas de muchas plantas del desierto tienen una cubierta gruesa y cerosa. Observa cómo este recubrimiento evita que la planta pierda agua.

- **PASO PARA ADULTOS.** Corte la esponja a la mitad.

- Coloca una mitad de la esponja en uno de los platos.

- Recubre una cara de la otra mitad de la esponja con una capa gruesa de vaselina.

- Sobre el otro plato, coloca esta segunda esponja con la superficie sin vaselina hacia abajo.

- Vierte la mitad del agua en cada plato. Cuando las dos esponjas ya se han llenado de agua, tira el agua sobrante de cada plato.

- Una vez al día, toca la parte inferior de las esponjas para cerciorarte que siguen húmedas. ¿Cuánto tiempo necesitan para secarse? ¿Cuál de las dos se seca primero?

La planta pinta

Reúne estas cosas

- césped u otra hierba parecida
- un plato desechable
- hojas blancas tamaño carta

Después necesitarás

- 4 a 6 hojas de periódico
- una playera de algodón blanca
- una tabla de madera para cocina
- 10 a 12 pétalos de flores de colores brillantes, como amarillo o rojo
- 4 a 6 hojas de una planta
- un cuadrado de 15 cm (6 pulgadas) por lado de papel encerado
- una piedra del tamaño de un limón

¡Vamos a descubrirlo!

1 Arranca algunas hojitas de césped o hierba para cubrir el fondo del plato desechable.

2 Coloca el plato sobre una superficie dura como la banqueta o el piso.

3 Cubre la hierba que pusiste en el plato con la hoja de papel blanco.

4 Pisa el papel y con la punta del pie machaca la hierba sin desgarrar el papel.

5 Recoge el papel y obsérvalo. La mancha verde que ves en el papel es la sustancia colorante de la hierba machacada.

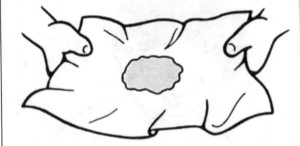

Entonces ya sabes que...

El color verde del césped proviene de una sustancia colorante de esta planta llamada clorofila. La clorofila está dentro de la hierba. Pero cuando juegas sobre el césped, algunas de sus hojitas se desgarran. Entonces, la clorofila se escapa y mancha de verde tu ropa.

Más cosas divertidas por saber y hacer

Las partes de las plantas, como las hojas o los pétalos, contienen sustancias colorantes. Las hojas suelen ser verdes, pero las flores presentan una gran variedad de colores. Cuando se machacan estas partes de las plantas, sus colorantes, al igual que los del césped, se escapan y pueden manchar la ropa. Utiliza las partes de una planta para crear un diseño de flores en la parte delantera de una playera.

■ Dobla el periódico y métalo dentro de la playera.

■ Coloca la playera sobre la tabla con la parte delantera hacia arriba.

■ Acomoda las hojas y los pétalos de las flores sobre la playera. Apila algunas hojas y pétalos para crear un diseño.

■ Cubre las hojas y los pétalos con papel encerado.

■ Machaca las hojas y pétalos golpeándolos con la piedra para exprimir su colorante.

PRECAUCIÓN: Sostén la piedra en una mano y mantén la otra alejada para no golpearte los dedos.

■ Levanta el papel encerado y quita los pétalos y las hojas machacados. *NOTA: Lava la playera a mano en agua fría para que no pierda sus colores vivos.*

Bronceado

Oye, ¿por qué adquiere el plátano un color oscuro después de pelarlo?

¡Vamos a descubrirlo!

Reúne estas cosas

- 2 plátanos
- un plato desechable
- un cuchillo de plástico

Después necesitarás

- una tableta de vitamina C masticable
- una toalla de papel
- un rodillo
- un cuchillo afilado (sólo lo usará el adulto)
- una manzana
- 2 platos desechables
- un limón
- un reloj

1 Pela un plátano y déjalo sobre el plato desechable.

2 Con el cuchillo de plástico, corta el plátano en cuatro secciones.

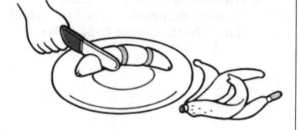

3 En el curso del día, observa las rebanadas de plátano tantas veces como puedas. Te darás cuenta que las rebanadas de plátano se van oscureciendo poco a poco.

4 Después de 4 o 5 horas, pela el otro plátano y, con el cuchillo de plástico, córtalo en cuatro partes.

5 Compara el color de los dos plátanos rebanados.

Entonces ya sabes que...

La cáscara es lo que protege a los plátanos. Cuando pelas un plátano, el contacto con el aire hace que tome un color oscuro, es decir la fruta se oxida.

Más cosas divertidas por saber y hacer

El color de otras frutas, como las manzanas y las peras, también se oscurece (se oxida) cuando se pelan o se daña su piel. La vitamina C ayuda a evitar que la fruta se oscurezca.

- Envuelve la tableta de vitamina C en la toalla de papel y aplástala con el rodillo hasta que se haga polvo.

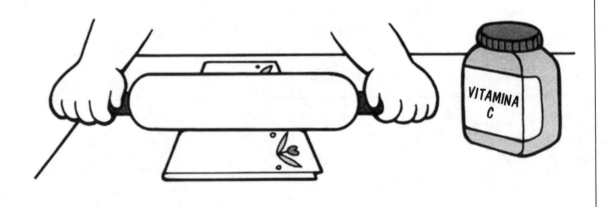

- **PASO PARA ADULTOS.** Con el cuchillo filoso corte a la mitad una manzana sin pelar. Coloque cada mitad en platos separados.

- **PASO PARA ADULTOS.** Corte en dos una de las mitades de manzana.

- Espolvorea uno de los cuartos de manzana con la vitamina C en polvo.

- **PASO PARA ADULTOS.** Corte el limón en dos.

- Exprime el jugo de una mitad de limón sobre el otro cuarto de manzana. *NOTA: Los limones contienen vitamina C.*

- Después de dejar los trozos de manzana expuestos al aire durante una hora o más, compara el color de la superficie cortada.

Flores

Guías de miel

Oye, ¿por qué a las abejas les encantan las flores?

¡Vamos a descubrirlo!

Reúne estas cosas

- una hoja de papel calca
- un lápiz
- unas tijeras
- 2 hojas de cartulina: 1 roja, 1 verde
- un marcador negro
- un popote (pajilla) flexible
- una barra de plastilina
- una perforadora de un solo agujero
- cinta adhesiva transparente
- un tramo de limpiapipas de 5 cm (2 pulgadas)
- 6 tramos de limpiapipas de color amarillo de 7.5 cm (3 pulgadas)

Después necesitarás

- el modelo del experimento anterior
  más
- ¼ de cucharadita (1.25 ml) de harina integral o de maíz
- 3 tramos de limpiapipas negro o de otro color oscuro de 5 cm (2 pulgadas)
- un lápiz con goma

1 Para preparar las partes para tu modelo de flor, sigue estos pasos:

■ Coloca el papel calca sobre las partes de flor que ves aquí.

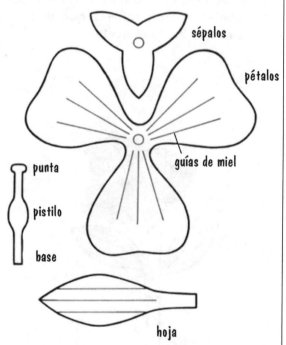

sépalos

pétalos

guías de miel

punta

pistilo

base

hoja

■ Calca y recorta los cuatro moldes.

■ Coloca el molde de pétalos sobre la cartulina roja.

■ Traza el contorno del molde de pétalos.

■ Acomoda los tres moldes restantes sobre la cartulina verde.

■ Traza el contorno de los moldes: una vez los moldes del pistilo y los sépalos y dos veces el molde de las hojas.

■ Recorta cada parte.

2 Con el marcador, dibuja guías de miel sobre los pétalos, tal como se muestra en el dibujo.

3 Con la plastilina, modela una base cuadrada. En el centro de esta base, inserta el popote que representará el tallo de tu flor.

4 Con la perforadora haz un agujero en el centro de los pétalos rojos y de los sépalos verdes.

5 Une con cinta adhesiva el limpiapi-pas verde a la base del pistilo.

6 Inserta el limpiapipas verde, prime-ro por el agujero de los pétalos, después por el de los sépalos y, por último, dentro del popote.

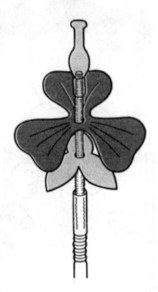

7 Haz un doblez de 1.5 cm (½ pulga-da) en uno de los extremos de cada limpiapipas amarillo.

8 Pasa el extremo no doblado de cada uno de los limpiapipas amarillos por el agujero de los pétalos, luego por el de los sépalos y, por último, in-trodúcelo dentro del popote, de manera que los limpiapipas rodeen el pistilo. Estos limpiapipas amarillos representan los estambres de la flor.

9 Pega las hojas en el popote con cinta adhesiva, tal como se mues-tra en el dibujo. *NOTA: Conserva tu modelo de flor para el experimento propuesto en "Más cosas divertidas por saber y hacer".*

Entonces ya sabes que...

Las abejas se posan en las flores porque éstas contienen un líquido dulce llama-do néctar. Los colores vivos de los pé-talos de las flores atraen a las abejas. En los pétalos de las flores reales hay guías de miel que tú no puedes ver, pero las abejas sí. Son señales que orientan a las abejas hacia el néctar.

Más cosas divertidas por saber y hacer

Los estambres de las flores elaboran un polvo amarillo llamado polen. Cuando las abejas tocan una flor, el polen se adhiere a sus patas peludas. Después, al ir y venir por la flor o volar hacia otra, deja caer parte del polen en el pistilo. Cuando este sucede, la flor puede producir una semilla, tal como verás a continuación.

■ Espolvorea la harina integral o de maíz sobre los estambres de la flor del experimento anterior. La harina representa el polen.

■ Enrolla los limpiapipas de color oscuro alrededor de la punta del lápiz para simular las patas de una abeja.

■ Sostén con los dedos la goma del lápiz y roza el extremo de los estambres cubiertos de polen con las patas de tu abeja.

■ Observa las patas para ver si tienen polen.

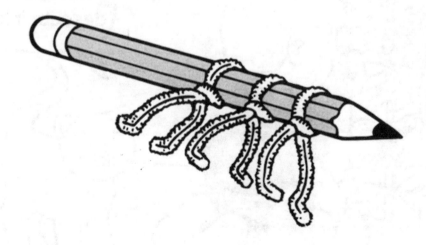

Campanillas

Oye, ¿cómo se abren las flores?

¡Vamos a descubrirlo!

Reúne estas cosas

- hojas blancas tamaño carta
- un lápiz
- unas tijeras
- un recipiente grande
- agua de la llave
- una regla

Después necesitarás

- los mismos materiales
  pero
- sustituye las hojas blancas por otro tipo de papel como periódico, cartulina y toallas de papel.

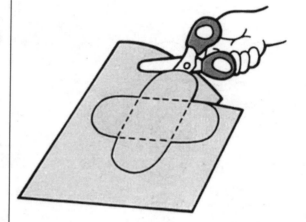

1 Coloca el papel sobre el modelo de flor que tienes abajo y dibuja su contorno con el lápiz.

2 Recorta el modelo que dibujaste.

doblez

doblez

flor

doblez

doblez

3 Dobla cada pétalo hacia el centro del modelo siguiendo la línea de doblez.

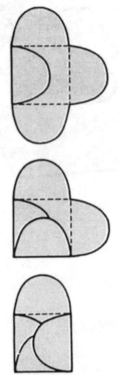

4 Llena el recipiente con agua de la llave hasta la mitad de su capacidad.

5 Sostén el papel doblado, con los pétalos hacia arriba, a unos 10 cm (4 pulgadas) por encima del recipiente.

6 Deja caer el papel en el recipiente y observa cómo se abren los pétalos.

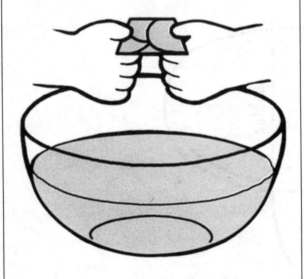

Entonces ya sabes que...

Algunas flores, como las campanillas (o dondiego de día), se abren cada mañana porque se llenan de una sustancia acuosa llamado savia. La planta tiene unos tubos especiales que llevan la savia desde las raíces hasta las hojas y flores. Sus pétalos se abren a medida que las flores se van llenando de savia.

Más cosas divertidas por saber y hacer

1 No todas las flores tienen el mismo número de pétalos. Repite el experimento anterior haciendo una flor de 6 pétalos. Usa como base el modelo en esta página. ¿Se abren más despacio las flores que tienen más pétalos?

na, para que puedas ver cómo los pétalos de algunas flores se abren más lentamente que otros. ¿Cuál de tus flores de papel se abre más despacio?

2 El agua se mueve más lentamente a través de algunos tipos de papeles y flores. Repite el experimento con tu propio diseño de flor; utiliza diversos tipos de papel, como periódico y cartuli-

doblez

doblez

doblez

flor

doblez

doblez

doblez

Perfumadas

Oye, ¿por qué algunas flores huelen tan bien?

¡Vamos a descubrirlo!

Reúne estas cosas

- un frasco pequeño y vacío con tapa (puede ser uno de alimento para bebé)
- 2 tazas (500 ml) de pétalos de rosas o de otras flores olorosas (pueden ser de tu jardín)
- alcohol desnaturalizado (sólo puede usarlo un adulto)

NOTA: Para recolectar los pétalos de flores tienes que pedir permiso a un adulto.

Después necesitarás

- los pétalos restantes del experimento anterior
   más
- un cuadrado de gasa de 30 cm (12 pulgadas) por lado
- una liga
- 1 metro (1 yarda) de cordón

1 Llena el frasco con pétalos de flores. *NOTA: Guarde los pétalos sobrantes para el experimento propuesto en "Más cosa divertidas por saber y hacer".*

2 PASO PARA ADULTOS. Llene el frasco con alcohol desnaturalizado. Cierre bien la tapa.

3 Deja reposar la mezcla durante 7 días o más.

4 Después de este tiempo, abre el frasco. Con un dedo, frota unas cuantas gotas del líquido sobre tu muñeca. *PRECAUCIÓN: No acerques el alcohol a tus ojos ni a tu boca.*

5 Deja secar el líquido y huele tu muñeca.

Entonces ya sabes que...

La fragancia de las flores se debe a los aceites que hay en sus pétalos. Los aceites perfumados de los pétalos se disolvieron en el alcohol. Cuando pusiste un poco del líquido en tu piel, el alcohol se evaporó y sólo quedó un delicioso aroma.

Más cosas divertidas por saber y hacer

El aroma de los pétalos de las flores perfumadas atrae a las abejas y otros insectos. Descubre cómo las flores perfumadas atraen a los insectos. *NOTA: Este experimento funciona mejor en época de calor.*

■ Coloca los pétalos que quedaron del experimento anterior en el centro de la gasa.

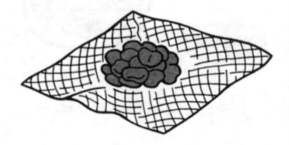

■ Envuelve los pétalos en la gasa para formar una bolsa. Cierra la bolsa con la liga.

■ Amarra un extremo del cordón alrededor de la liga.

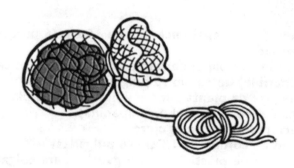

■ Escoge un lugar fuera de casa que puedas ver desde una ventana, para observar la bolsa con frecuencia. Puede ser una rama de árbol cercana a una ventana, ya sea de la cocina o de tu recámara. Si no hay

ramas, puedes colgar la bolsa del mismo marco de la ventana.

■ **PASO PARA ADULTOS.** Cuelgue la bolsa de pétalos en el lugar elegido.

■ Observa la bolsa de pétalos durante 2 días o más. Para identificar los insectos que llegan de visita a la bolsa, te conviene consultar un libro con ilustraciones de insectos.

■ Al concluir el experimento, puedes colgar la bolsa con pétalos en tu cuarto para aromatizarlo. *PRECAUCIÓN: cerciórate que no queden insectos sobre la bolsa o dentro de ésta antes de meterla en casa.*

Herbario

Oye, ¿cómo puedo conservar una flor?

¡Vamos a descubrirlo!

Reúne estas cosas

- un cuadrado de cartulina negra de 15 cm (6 pulgadas) por lado
- un lápiz
- una regla
- unas tijeras
- un cuadrado de papel encerado de 15 cm (6 pulgadas) por lado
- 2 cuadrados de papel contacto transparente (mica autoadherible) de 15 cm (6 pulgadas) por lado
- una muestra de planta (flores y hojas de una planta pequeña, como trébol o campanilla).
- una perforadora de un agujero
- un tramo de cordón de 15 cm (6 pulgadas)
- una ventosa de plástico con su gancho para colgar objetos de los cristales.

Después necesitarás

- los mismos materiales

  pero

- sustituye la planta del experimento anterior por pétalos y hojas de una flor grande, por ejemplo de girasol

  más

- un marcador de tinta permanente

1 Dobla la cartulina negra a la mitad.

2 Dibuja sobre el doblez un rectángulo de 5 x 10 cm (2 x 4 pulgadas).

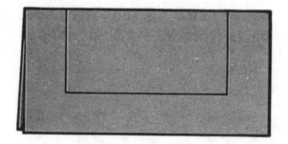

3 Recorta y desecha el rectángulo. Desdobla la cartulina. ¡Acabas de hacer un marco!

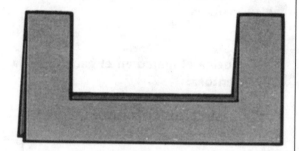

4 Coloca el marco sobre el papel encerado.

5 PASO PARA ADULTOS. Despegue la hoja protectora de uno de los cuadrados de papel contacto y acomódelo sobre el marco.

6 Voltea el marco y quita el papel encerado para dejar libre la cara adhesiva del papel contacto.

7 Arregla las partes de la planta sobre la cara pegajosa del papel contacto.

8 PASO PARA ADULTOS. Despegue la hoja protectora de la segunda hoja de papel contacto y coloque ésta sobre las partes de la planta y el marco.

9 Con las tijeras elimina el papel contacto que sobresale del marco.

10 Con la perforadora, haz un agujero en la parte de arriba de tu marco.

11 Pasa el cordón por este agujero y anuda sus extremos.

12 Pega la ventosa de plástico en una ventana.

13 Cuelga el marco en el gancho de la ventosa.

Entonces ya sabes que...

Con el paso del tiempo, las flores y otras partes de las plantas se secan y se deforman. Al proteger las partes de tu planta entre dos capas de papel contacto, lograste que la flor y las hojas no perdieran su forma original y pudiste conservarlas.

Más cosas divertidas por saber y hacer

Puedes utilizar las partes de una planta para crear tu propio diseño de la siguiente manera:

- Repite los pasos 1 a 6 del experimento anterior.

- Con el marcador, dibuja una cara sonriente sobre la parte pegajosa del papel contacto.

- Acomoda los pétalos y las hojas alrededor de la cara como en el dibujo.

- **PASO PARA ADULTOS.** Despegue la hoja protectora de la segunda hoja de papel contacto y coloque ésta sobre los pétalos, las hojas y el marco.

- Para terminar tu cuadro, repite los pasos 9 a 13.

Apéndice

Resúmenes por sección

Formas de vida básicas

Al igual que todos los seres vivos, los animales están constituidos de elementos básicos llamados **células**. La mayor parte de ellas son muy pequeñas y flexibles. Pero en el caso de las células óseas, éstas están unidas por un cemento a base de calcio que le confiere solidez al hueso. Algunas células animales son tan diminutas que una hilera de 40 000 de éstas alcanzaría apenas 2.5 cm (1 pulgada) de longitud. En el experimento "Constituyentes básicos" (páginas 16-19), los niños elaboran un modelo de célula animal. Este modelo de célula contiene las siguientes partes: la **membrana celular** (cubierta que envuelve a la célula y la mantiene unida), el **citoplasma** (fluido gelatinoso en el que flotan las diversas partes de la célula), el **núcleo** (centro de control de la célula encargado de dirigir todas sus actividades) y las **mitocondrias** (fábricas o plantas de energía de la célula donde tiene lugar una reacción entre alimento y oxígeno para producir la energía necesaria para que la célula funcione y viva).

Las células animales y vegetales tienen en común las cuatro partes del modelo de célula que se elabora en el experimento "Constituyentes básicos". Además, en las células vegetales se encuentran otros dos elementos exclusivos de ellas, los **cloroplastos** (cuerpos de color verde en los que se elabora el alimento para la planta) y una **pared celular** (estructura similar a una pared situada por fuera de la membrana celular). En el experimento "Rigidez de la planta" (páginas 20-23) se construye un modelo básico de célula vegetal para mostrar que no es hueso lo que le confiere firmeza a la planta sino su pared celular rígida. También se demuestra cómo el agua contribuye a mantener la firmeza de la estructura de la planta.

Las fuentes naturales de agua, como estanques, lagos y ríos, suelen contener microorganismos unicelulares, aunque el agua sea cristalina. En el experimento "Bichos acuáticos" (páginas 24-27), los niños hacen modelos para demostrar el movimiento de dos tipos de microorganismos unicelulares acuáticos: un paramecio y una euglena. El **paramecio**, conocido también como "animal pantufla", se halla en o alrededor de la capa verdosa de impurezas que flota en los estanques de aguas tranquilas. Para moverse, agita sus **cilios**, estructuras parecidas a cabellos delgados que cubren su cuerpo. La **euglena**, que se encuentra en lagunas y corrientes de agua dulce, para poder desplazarse agita una estructura larga y filiforme llamada **flagelo**. Lo interesante de la euglena es que tiene a la vez partes animales y vegetales.

Depredadores y presas

Un **depredador** es un animal que caza y se alimenta de otros animales. El animal que se convierte en alimento del depredador es su **presa**. Para evitar ser transformados en cena, algunos animales cuentan con el recurso del **camuflaje** (los colores o dibujos sobre el cuerpo de un animal le ayudan a confundirse con su entorno). Los **camaleones** son animales cuya piel puede cambiar de color, por lo general de verde a amarillo o café. Esos cambios son resultado de variaciones en la temperatura, la luz o hasta el estado de ánimo de este saurio. Con frecuencia, aunque no siempre, estos cambios logran que el animal se confunda con su entorno. El experimento "Camuflaje" (páginas 30-33) muestra la manera en que los colores pueden proteger a un animal de sus depredadores.

Muchos animales, como los gatos, son **nocturnos** (activos de noche). Los gatos necesitan tener muy buena vista para poder cazar animales pequeños en la oscuridad, de manera que sus ojos tienen características especiales. El experimento "Ojos brillantes" (páginas 34-37) muestra dos de estas características. Una de ellas es la capa brillante y reflejante que cubre la parte interna del ojo, llamada **tapetum**, que actúa como espejo y refleja la luz, razón por la cual les brillan los ojos. Esto incrementa las posibilidades de que la luz entre en contacto con las células sensibles a la luz situadas dentro del ojo del gato. La otra característica es la **dilatación** (aumento de tamaño) de la **pupila** (el orificio negro situado en el centro del ojo) en la oscuridad, lo que también permite que penetre más luz en el ojo.

Algunas aves, como los dormilones y los gorriones, tienen picos grandes y profundos que funcionan como redes para atrapar insectos en el aire. Esas aves tienen pelusas alrededor del pico, lo que aumenta su capacidad de atrapar a sus presas voladoras. El pájaro carpintero tiene un pico duro y una lengua como espada que le permiten excavar la madera y ensartar a los insectos que estén dentro de ella. El experimento "Atrapando insectos" (páginas 38-41) muestra cómo algunas aves atrapan con su pico insectos voladores y cómo el pájaro carpintero logra sacar insectos ocultos en los árboles.

La telaraña está hecha de seda (una fibra delgada y suave que producen algunos insectos, entre ellos las arañas). La seda es una proteína líquida producida por unas glándulas especiales, llamadas **hileras**, situadas dentro del abdomen de la araña. Al entrar en contacto con el aire, la seda líquida se solidifica. Las arañas producen diferentes tipos de seda: pegajosa y no pegajosa. Algunas arañas se colocan en el centro de su telaraña y apoyan sus ocho patas sobre los hilos no pegajosos que sostienen la red y le permiten salir de su puesto de observación. Los insectos que llegan volando a esta red pegajosa quedan atrapados. Cuando la araña percibe el movimiento de los hilos provocado por los intentos desesperados del insecto para escapar, se precipita hacia el insecto atrapado. La araña suele matar al insecto con una mordida venenosa y, a veces, lo envuelve con hilos de seda para comerlo después. El experimento "La trampa" (páginas 42-45) muestra los diferentes hilos que la araña utiliza para tejer su red y explica porqué la araña no queda atrapada en ésta. Los niños también aprenden a recoger telarañas.

Temperatura corporal

Algunos animales, como los perros, no tienen la capacidad de sudar para refrescarse, así que lo que hacen es jadear. Cuando un perro jadea, el agua que está sobre su lengua se **evapora** (cambia de estado líquido a gaseoso). En este proceso, el agua elimina energía calórica de la piel, por lo que esta última se enfría. El experimento "Refrescándose" (páginas 48-51) muestra cómo la evaporación provoca el enfriamiento.

El pelaje y las plumas de los animales **aíslan** (reducen la pérdida de calor) su cuerpo. Algunos animales que viven en ambientes muy fríos también tienen una capa gruesa de **grasa corporal** bajo su piel. El experimento "Bien abrigados" (páginas 52-54) muestra la capacidad aislante del pelaje, las plumas y la grasa corporal.

Desplazamiento de los animales

Aunque existen ardillas que se llaman voladoras, en realidad no pueden volar. Estas ardillas tienen un pliegue de piel especial que se extiende entre sus patas delanteras y traseras. Cuando la ardilla salta de una rama a otra, esta piel se estira como una vela y le permite planear en el aire. El experimento "Planeadores" (páginas 56-59) muestra cómo las ardillas pueden planear en el aire.

Los animales bípedos, como las aves, simios o incluso el ser humano, pueden mantener el equilibrio siempre y cuando su **centro de gravedad** (el punto alrededor del cual un objeto se equilibra) no se sitúe fuera de su punto de apoyo (sus pies o patas). Cuando un animal levanta una pata para avanzar, su cuerpo se inclina levemente hacia el lado opuesto de esta pata para volver a distribuir el peso y situar de nuevo su centro de gravedad en la pata en la que se apoya. El experimento "Equilibristas" (páginas 60-63) muestra cómo el inclinarse hacia un lado ayuda a los animales, tanto bípedos como cuadrúpedos, a mantener el equilibrio mientras caminan.

Los líquidos, como el agua, empujan hacia arriba los objetos que se encuentran dentro de ellos. Esta fuerza ascensional se llama **empuje** o flotabilidad. Si el peso del objeto se distribuye horizontalmente, el agua que se encuentra debajo de él puede empujarlo hacia la superficie y mantenerlo ahí. Por lo tanto, el objeto flota. Para sumergirse y ascender en el agua los peces meten y sacan aire de un órgano en forma de globo llamado **vejiga natatoria**. El aire cambia el peso del pez, pero lo que más influye es el cambio de tamaño. A medida que la cantidad de aire contenida en la vejiga natatoria del pez aumenta, aumenta el tamaño del pez. Puesto que ocupa más espacio en el agua, recibe el empuje de una mayor cantidad de agua, por lo que el pez sube. El experimento "Flotadores" (páginas 64-67) muestra cómo los peces suben y bajan en el agua.

El pulpo se desplaza sobre el fondo del mar moviendo sus ocho largos tentáculos. Pero también, de la misma manera que otros organismos acuáticos como el calamar y la medusa, puede moverse mediante propulsión a chorro gracias al agua que expele. La **propulsión a chorro** es el movimiento de un cuerpo hacia adelante resultante de la salida hacia atrás de un chorro fuerte de un líquido. El experimento "Pistolas de agua" (páginas 68-71) muestra el movimiento de los pulpos y las medusas. Los niños también elaboran un modelo que explica las características físicas de la medusa.

Desarrollo de las plantas

La capa protectora que rodea a la semilla se llama **tegumento**. Este recubrimiento ayuda a proteger el interior de la semilla de los ataques de los insectos, de las enfermedades y del deterioro. Los **frijoles** son semillas comestibles lisas y duras. Las dos partes del frijol que se separan se llaman **cotiledones** (las diminutas hojas en las semillas) y contienen el primer alimento para el embrión en desarrollo. Las plantas con dos cotiledones se llaman **dicotiledóneas**. Aquellas que sólo tienen un cotiledón, como el maíz, se llaman **monocotiledóneas**. La estructura diminuta que hay dentro de la planta parece una planta en miniatura o planta bebé, pero en realidad es un **embrión** (la parte que se desarrolla hasta convertirse en una planta). En el experimento "Plantas bebés" (páginas 74-77), los niños separan las semillas de varias plantas dicotiledóneas para observar el embrión que se encuentra dentro de cada una de ellas.

La **germinación** es el proceso mediante el cual una semilla se desarrolla hasta convertirse en una planta. Cuando cuentan con aire, agua y temperatura apropiadas, las semillas pueden germinar y desarrollarse casi en cualquier lugar. El experimento "¿En cualquier parte?" (páginas 78-81) muestra que las semillas no necesitan tierra ni luz para germinar; sin embargo, los minerales del suelo y la luz son indispensables para que las plantas crezcan sanas y se desarrollen de manera adecuada. (Para saber cómo consiguen las plantas minerales de la tierra, véase el experimento "Planta sedienta" de las páginas 92-95).

La **semilla** es la parte de la planta que se forma en la flor. Contiene el embrión y alimento almacenado.

Los frijoles y otras semillas que se encuentran en la cocina de la casa pueden germinar siempre y cuando no se hayan cocido ni dañado de alguna otra manera. El calor de la cocción mata al embrión dentro de la semilla. En el experimento "Retoños" (páginas 82-85) los niños siembran frijoles y otras semillas para descubrir si logran retoñar.

El fenómeno según el cual una planta crece siguiendo la dirección de la luz se llama **fototropismo**. El vocablo *foto* significa luz y *tropismo* dar la vuelta. Este tipo de crecimiento tiene lugar cuando las sustancias químicas de la planta obligan a las células situadas del lado oscuro de la planta a crecer más que las que se encuentran del lado de la fuente de luz. El crecimiento de células más largas en uno de los lados del tallo hace que éste se vaya inclinando. De manera que el tallo se orienta hacia la luz. En el experimento "Siguiendo el sol" (páginas 86-89) se observa cómo las plantas crecen siguiendo la luz solar.

Partes de las plantas

La **savia** es la sustancia acuosa que hay en las plantas. La savia que se desplaza desde las raí-

ces contiene agua con minerales disueltos provenientes de la tierra. La savia avanza desde las raíces a través del **xilema** (una estructura de tubos diminutos dentro de las plantas) hasta las hojas y demás partes de la planta. Ésta utiliza una parte del agua mientras que otra parte se evapora a través de los **estomas** (agujeros pequeños en las hojas). La pérdida de **vapor de agua** (agua en estado gaseoso) a través de los estomas hacia la atmósfera se llama **transpiración**. A medida que la planta pierde agua por sus hojas, las raíces absorben más agua y minerales. El experimento "Planta sedienta" (páginas 92-95) permite a los niños ver cómo sube el agua por las plantas.

Los cactos y otras plantas del desierto almacenan agua. Algunos cactos, como la pitahaya, forman pliegues en su superficie, lo que les permite almacenar agua durante la temporada de lluvias. El tamaño de esos cactos puede incrementarse hasta 20 por ciento en esa temporada. Durante la época seca utilizan el agua almacenada y se encogen hasta volver a su tamaño y forma originales. Las plantas del desierto cuentan con otros mecanismos para reducir la cantidad de vapor de agua que se pierde en la transpiración. Pueden lograrlo gracias a que cuentan con hojas y tallos gruesos, ondulados y con una cubierta resistente. El experimento "Jugosos" (páginas 96-99) muestra cómo los cactos y otras plantas del desierto almacenan y retienen agua.

La luz blanca, incluyendo la luz solar, se compone de todos los colores del arco iris. Hay objetos que se pueden ver de diferentes colores debido a que contienen **pigmentos** (sustancias químicas que confieren color a las cosas) que reflejan los diferentes colores de la luz en los ojos de la persona. El pigmento verde de las plantas se llama **clorofila**. En el experimento "La planta pinta" (páginas 100-103), los niños usan pigmentos vegetales para pintar.

La pulpa de los plátanos (bananas) y otras frutas, como las peras y manzanas, cambia de color cuando se quita la cáscara a la fruta y la pulpa queda expuesta al aire. Este cambio de color tiene lugar cuando el oxígeno del aire se combina con la fruta. La vitamina C que se encuentra en limones y otros cítricos, se combina con el oxígeno antes que éste llegue a la fruta. El experimento "Bronceado" (páginas 104-107) muestra cómo puede emplearse la vitamina C para evitar que, una vez pelados, los plátanos tomen un color pardo, es decir, que se oxiden.

Flores

Las **guías de miel** son marcas sobre los pétalos de las flores que guían a las abejas hacia el centro de la flor donde se almacena el **néctar** (líquido azucarado producido por las flores). No todas las guías de miel son visibles al ojo humano, pero los ojos de las abejas sí pueden verlas. Casi todas las flores tienen una estructura general similar. El **pistilo** es el órgano reproductor femenino que contiene los **óvulos** o gametos femeninos (células reproductoras femeninas) y es el sitio donde se forman las semillas. Se encuentra en el centro de la flor y está rodeado por **estambres** (órganos reproductores masculinos donde se forma el polen). El **polen** es un polvo fino y amarillo que contiene los gametos masculinos (células reproductoras masculinas). La combinación de un gameto masculino y uno femenino da lugar a la formación de una semilla. Los **pétalos** y **sépalos** son estructuras similares a hojas que rodean y protegen los órganos reproductores de las flores. Los sépalos rodean los pétalos. Cuando una abeja penetra en una flor para sorber el néctar, parte del polen se adhiere a sus patas y a otras partes peludas de su cuerpo. Mientras la abeja vuela de flor en flor, el polen se desprende y parte de éste cae sobre los pistilos, que son pegajosos. Cuando las flores han sido **polinizadas** —el polen pasa de los estambres al pistilo— se forma una semilla en el pistilo. En el experimento "Guías de miel" (páginas 110-113), los niños elaboran el modelo de una flor que muestra las guías de miel. También hacen un modelo de una abeja que llega a la flor y recoge "polen" en sus patas.

Las "campanillas" o "dondiego de día" se abren todas las mañanas debido a que la savia que sube por los tubos del xilema llega hasta los pétalos cerrados y los empuja para que se abran. Algunas flores se abren más rápido que otras, pero la mayoría lo hace tan despacio que es imposible percibir el movimiento. Cuando se tocan las hojas de plantas sensibles, como la mimosa o la dionea —también conocida como atrapamoscas— se cierran en cuestión de segundos. El experimento "Campanillas" (páginas 114-117) muestra de manera clara el movimiento de la savia hacia las flores cerradas.

Los aceites que se encuentran en muchas flores de olor dulce cumplen diversos propósitos. Se utilizan para preparar perfumes, pero también atraen a los agentes polinizantes, como los insectos, hacia las flores. No todas las flores tienen aceites de olor agradable. La raflesia, una planta de Malasia, huele a carne podrida. Las moscas, atraídas por este olor desagradable, polinizan esta planta. En el experimento "Perfumadas" (páginas 118-121), los niños elaboran perfume a base del aceite de pétalos de flores fragantes del jardín. También aprenden cuáles son los insectos que se ven atraídos por estas flores.

Para conservar temporalmente alguna planta, se puede colocar entre dos hojas de papel contacto. Este método permite aplanar la planta y conservarla mientras se **deshidrata** (pierde agua). En el experimento "Herbario" (páginas 122-125), los niños aprenden este método para la conservación de plantas.

Glosario

Aislar. Reducir la pérdida de energía, como el calor, de un objeto o ser vivo.

Camaleón. Saurio cuya piel puede cambiar de color de verde a amarillo o café.

Camuflaje. Colores y/o dibujos sobre la piel de un animal que le ayudan a confundirse con su entorno.

Célula. Elemento básico de todo ser vivo.

Centro de gravedad. Punto en el cual un objeto se equilibra.

Cilios. Estructuras diminutas similares a cabellos que cubren el exterior de algunos organismos unicelulares, como el paramecio, y que les permite desplazarse.

Citoplasma. Líquido gelatinoso en el que flotan las diferentes partes de la célula.

Clorofila. Pigmento verde de las plantas.

Cloroplastos. Cuerpos de color verde situados en las células vegetales, que contienen clorofila, y en los cuales se elabora el alimento de la planta.

Cotiledón. Parte de la semilla que contiene los primeros alimentos para el embrión de la planta. *Véase* también **dicotiledónea** y **monocotiledónea**.

Depredador. Animal que caza y se come a otros animales.

Deshidratar. Cuando algo pierde o elimina agua.

Dicotiledónea. Planta cuya semilla tiene dos cotiledones.

Dilatar. Aumentar de tamaño.

Embrión (vegetal). Estructura diminuta parecida a una planta que se encuentra dentro de la semilla y a partir de la cual se desarrolla una planta.

Empuje (o flotabilidad). Es la fuerza ascensional que un líquido, como el agua, ejerce sobre objetos que flotan en el mismo.

Estambre. Órgano reproductor masculino de la flor, donde se forma el polen.

Estomas. Orificios diminutos sobre las hojas de las plantas.

Euglena. Microorganismo que se encuentra en los estanques y las corrientes de agua dulce.

Evaporación. Cambio de estado líquido a gaseoso debido a la absorción de energía, como el calor.

Flagelo. Estructura larga y filiforme que tienen algunos organismos unicelulares como la euglena, y que les permite desplazarse.

Fototropismo. Durante el crecimiento de una planta, movimiento de ésta en busca de luz.

Frijol. Semilla lisa y dura que se utiliza como alimento; por crecer en vaina se le considera una legumbre.

Gameto masculino. Célula reproductora masculina.

Germinación. Proceso de desarrollo que permite que una semilla se convierta en planta.

Grasa corporal. Capa espesa de grasa aislante que se encuentra debajo de la piel de algunos animales que viven en climas fríos, como las focas, ballenas y morsas.

Guías de miel. Señales sobre los pétalos de las flores que guían a las abejas hacia el centro de la flor donde se almacena el néctar.

Hileras. Glándulas productoras de seda situadas dentro del abdomen de algunos insectos y arañas.

Membrana celular. Cubierta que rodea a la célula y mantiene unidos sus elementos.

Mitocondria. Fábricas de energía de la célula donde tiene lugar una reacción entre el alimento y el oxígeno para producir la energía necesaria para que la célula funcione y se mantenga viva.

Monocotiledónea. Planta cuya semilla sólo tiene un cotiledón.

Néctar. Líquido de sabor dulce producido por las flores.

Nocturno. Activo por la noche.

Núcleo. Centro de control de la célula encargado de dirigir todas sus actividades.

Óvulo (o gameto femenino). Célula reproductora femenina.

Paramecio. Microorganismo que se encuentra dentro o alrededor de la capa verdosa de impurezas que flota en los estanques.

Pared celular. Estructura similar a una pared que rodea la membrana celular de las plantas.

Pétalos. Estructuras similares a hojas que rodean y protegen los órganos reproductores de las plantas.

Pigmentos. Sustancias químicas que confieren color a las cosas.

Pistilo. Órgano reproductor femenino situado en el centro de la flor y lugar donde se forman las células.

Polen. Polvo fino y amarillo producido por los estambres que contiene los gametos masculinos.

Polinización. Paso del polen de los estambres al pistilo.

Presa. Animal que se convierte en alimento de los depredadores.

Propulsión a chorro. El movimiento de un cuerpo hacia adelante resultante de la salida hacia atrás de un chorro fuerte de un líquido.

Pupila. Orificio negro situado en el centro del ojo.

Savia. Sustancia acuosa de las plantas.

Seda. Fibra delgada y suave. Es una proteína líquida producida por las hileras situadas dentro del abdomen de algunos insectos y arañas y que éstas utilizan para tejer telarañas.

Semilla. Parte de la planta que se forma en la flor y que contiene el embrión y alimento almacenado.

Sépalos. Estructuras similares a hojas que rodean los pétalos de la flor y que, junto con éstos, protegen los órganos reproductores de la misma.

Tapetum. En algunos animales, como los gatos, la capa brillante que recubre el fondo del ojo y refleja la luz.

Tegumento. Capa protectora externa que rodea la semilla.

Transpiración. Pérdida de vapor de agua a través de los estomas hacia la atmósfera.

Vapor de agua. Agua en estado gaseoso.

Vejiga natatoria. Órgano en forma de globo que, al llenarse de aire o soltarlo, permite a los peces ya sea ascender o sumergirse en el agua.

Xilema. Estructura formada por tubos diminutos situados dentro de las plantas y que llevan la savia desde las raíces hasta las hojas y demás partes de la planta.

Índice

La EDICIÓN, COMPOSICIÓN, DISEÑO E IMPRESIÓN DE ESTA OBRA FUERON REALIZADOS
BAJO LA SUPERVISIÓN DE **GRUPO NORIEGA EDITORES**
BALDERAS 95, COL. CENTRO. MÉXICO, D.F. C.P. 06040
1200735000403544DP9200IE